COMMENTAIRE

DE LA

Loi du 22 Novembre 1913

SUR LES

SOCIÉTÉS PAR ACTIONS

PAR

Jacques VAVASSEUR

AVOCAT A LA COUR D'APPEL DE PARIS

Prix : 1 fr.

PARIS

IMPRIMERIE ET LIBRAIRIE GÉNÉRALE DE JURISPRUDENCE
MARCHAL & BILLARD
MARCHAL et GODDE, Successeurs
ÉDITEURS, LIBRAIRES DE LA COUR DE CASSATION
27, Place Dauphine, 27

1914

COMMENTAIRE DE LA LOI DU 22 NOVEMBRE 1913

SUR LES SOCIÉTÉS PAR ACTIONS [1]

SOMMAIRE :

1. — *Travaux préparatoires de la loi du 22 novembre 1913.*

Le 21 janvier 1912, le gouvernement saisissait la Chambre des députés d'un projet de loi, concernant les sociétés par actions, d'une portée tout à fait restreinte : il n'avait d'autre but que de décider que la faculté de groupement, édictée en faveur des petits actionnaires par la loi au 1er août 1893, pour leur permettre de prendre part aux délibérations des assemblées générales, serait applicable même aux sociétés antérieures à cette loi.

Ce projet était ainsi conçu :

« Article unique. — Le § 1er de l'article 27 de la loi du 24 juillet 1867, modifié par l'article 4 de la loi du 1er août 1893, est ainsi complété :

« Cette disposition est applicable même aux sociétés constituées avant le 1er août 1893. »

Ce projet fut l'objet d'un rapport favorable déposé à la séance de la Chambre des députés du 19 mars 1912 par M. Roblin (2),

---

(1) V. à la fin du commentaire le texte de la loi du 22 novembre 1913 et le rapport de M. Chastenet au Sénat.

(2) Ce rapport a été publié dans la *Revue des Sociétés* de 1912, p. 351.

et le projet fut adopté dans la séance du 30 mars 1912 sans discussion.

Lorsque le projet fut transmis au Sénat, M. Chastenet et plusieurs de ses collègues furent d'avis qu'il pourrait paraître excessif « de mettre en mouvement l'initiative gouvernementale et l'appareil législatif » pour un projet de loi d'une portée aussi minime, et, puisque ce projet touchait aux assemblées générales des sociétés anonymes, ils pensèrent qu'on devait en profiter pour compléter cette disposition par des règles nouvelles concernant la question fort importante des modifications des statuts par les assemblées générales dans les sociétés anonymes : ces dispositions nouvelles relatives aux modifications des statuts étaient d'ailleurs inspirées par le projet de loi relatif à la réforme de la loi sur les sociétés par actions, dont le gouvernement avait précédemment saisi la Chambre des députés à la suite des travaux de la commission extraparlementaire nommée par M. Vallé, garde des Sceaux, en 1902, et présidée par M. Lyon-Caen, l'éminent professeur à la Faculté de droit de Paris, membre de l'Institut; ce projet, comportant une réforme de la loi de 1867, avait fait déjà l'objet d'un très remarquable rapport à la Chambre par M. Chastenet, député (1).

C'est dans ce but que M. le sénateur Chastenet et plusieurs de ses collègues saisirent le Sénat d'une proposition de loi dans sa séance du 18 mars 1913 (2); elle fut renvoyée à la Commission, déjà saisie du projet de loi voté par la Chambre des députés concernant l'article 27, § 1, de la loi du 24 juillet 1867; la commission désigna M. Chastenet comme rapporteur et résolut d'adjoindre au texte voté par la Chambre les dispositions de la proposition de M. Chastenet : c'est dans ces conditions que M. Chastenet déposa son rapport à la séance du 5 juin 1913 (3); il concluait à l'adoption du projet de loi voté par la Chambre, auquel était adjoint un article nouveau, complétant et modifiant l'article 31 de la loi du 24 juillet 1867, en ce qui concerne la modification des statuts par les assemblées générales extraordinaires des sociétés anonymes.

---

(1) Ce rapport a été publié dans la *Revue des Sociétés* 1904, p. 357 et s., 410 et s., 1906 page 212.

(2) L'exposé des motifs de cette proposition de loi a été publié dans la *Revue des Sociétés* de 1913, p. 368.

(3) Ce rapport a été publié dans la *Revue des Sociétés* de 1913, p. 370.

Le Sénat adopta le projet de loi ainsi modifié et complété dans sa séance du 24 juin 1913 ; transmis à nouveau à la Chambre des députés, le projet de loi fut l'objet d'un rapport favorable de M. le député Roblin (1) ; adoptée sans discussion par la Chambre dans sa séance du 6 novembre 1913, la loi était promulguée le 22 novembre.

La loi nouvelle comprend quatre articles, qui ont trait 1° à la modification des statuts par l'assemblée générale extraordinaire dans les sociétés anonymes (art. 1, 2 et 4) ; 2° à la faculté de groupement des petits actionnaires, autorisée par l'article 27 de la loi du 24 juillet 1867, modifié par la loi du 1ᵉʳ août 1893.

Nous examinerons successivement ces deux questions. Nous croyons devoir appeler l'attention de nos lecteurs sur ce point que plusieurs des dispositions de la loi nouvelle ont un effet rétroactif, et sont, par un article formel, déclarées applicables aux sociétés déjà existantes : il est donc important pour toutes les sociétés par actions, même antérieures à la loi du 22 novembre 1913, de bien connaître ses dispositions.

2. — Des pouvoirs de l'assemblée extraordinaire pour la modification des statuts d'après l'ancien article 31 de la loi de 1867.

En premier lieu, et c'est, on doit le reconnaître, l'objet principal de la loi nouvelle, le législateur a édicté des règles fort importantes relatives aux modifications des statuts dans les sociétés anonymes ; car la loi nouvelle ne concerne pas les sociétés en commandite par actions ; cela est regrettable, car il n'y avait aucune raison pour ne pas combler la lacune, que nous avons déjà signalée (2), existant dans la loi de 1867, relativement à la composition et aux pouvoirs des assemblées générales extraordinaires dans ces sociétés.

Pour les sociétés anonymes, c'était l'article 31 de la loi de 1867 qui réglait la question des assemblées générales extraordinaires, appelées à modifier les statuts sociaux : rappelons brièvement les dispositions de cet article, qui, ainsi que nous le verrons, continuera de s'appliquer aux sociétés actuellement existantes, sous réserve de certaines dispositions de la loi

---

(1) Ce rapport a été publié dans la *Revue des Sociétés* de 1913, p. 475.
(2) V. *Traité des Sociétés*, 6ᵉ édit., n. 484 et 484 *bis*.

nouvelle, qui ont, en vertu du § 4 du nouvel article 31, un effet rétroactif.

La loi de 1867 (art. 31) n'avait pas réglé la question des pouvoirs des assemblées extraordinaires des sociétés anonymes, mais seulement leur composition : il stipule que les assemblées extraordinaires, appelées à délibérer sur les modifications des statuts, ou des propositions de continuation de la société au-delà du terme fixé pour sa durée ou de dissolution avant ce terme, ne pourront délibérer valablement que si elles sont composées d'un nombre d'actionnaires représentant la moitié au moins du capital social.

Ainsi il n'y a rien dans l'article 31 sur les pouvoirs de ces assemblées extraordinaires : quelles modifications peuvent-elles apporter aux statuts ? ont-elles pleins pouvoirs, ou ces pouvoirs sont-ils limités et dans quelle mesure ? Des difficultés se sont élevées dans la pratique, et la jurisprudence a dû poser certaines règles : elle a admis tout d'abord que l'article 31 de la loi de 1867 donnait implicitement à l'assemblée extraordinaire le pouvoir de modifier les statuts, même en l'absence d'une clause expresse ; mais ce pouvoir est limité, l'assemblée extraordinaire ne devant pas porter atteinte aux bases essentielles, à moins qu'il y ait une clause formelle l'y autorisant.

Mais quelles sont les bases essentielles que l'assemblée extraordinaire devra respecter ou qu'elle ne pourra modifier à la simple majorité des actionnaires, même représentant la moitié du capital social ? Pour chaque modification soumise à la délibération, on peut se demander si elle est essentielle ou si elle ne l'est pas, et si l'assemblée extraordinaire a le pouvoir de la voter.

Les exemples tirés de la jurisprudence, et que nous avons analysés au *Traité des Sociétés*, 6ᵉ éd., n° 815, montrent les difficultés nombreuses, qui se sont présentées dans la pratique des affaires, et sur lesquelles les tribunaux ont eu à se prononcer, en présence de la lacune de cet article 31 concernant les pouvoirs des assemblées extraordinaires.

3. — *Des mêmes pouvoirs d'après l'article 31 nouveau, modifié par la loi du 22 novembre 1913.*

La loi nouvelle comble donc cette lacune : elle pose le principe de la souveraineté de l'assemblée générale extraordinaire, s'il n'y a pas de dispositions contraires dans les statuts ; si donc les statuts sont muets en ce qui touche leur modification, l'assemblée générale aura la liberté de modifier toutes les clauses du pacte social, sauf une double restriction :

1° L'assemblée n'a ce pouvoir presque illimité de modifier les statuts, qu'à la condition qu'il n'y ait pas dans le pacte social de clauses contraires ; les fondateurs ont donc le droit, en rédigeant les statuts, d'apporter certaines limites aux pouvoirs résultant de la loi du 22 novembre 1913 ; les statuts pourront interdire par exemple à l'assemblée la modification de l'objet social, qui est autorisée par la loi nouvelle, ainsi que nous le verrons tout à l'heure.

Les statuts pourraient-ils, en sens inverse, donner à l'assemblée extraordinaire plus de pouvoirs que ne lui en attribue la loi de 1913 ? Oui, croyons-nous, car la loi nouvelle ne statue que « sauf dispositions contraires des statuts ». Les statuts pourraient donc donner à l'assemblée extraordinaire le droit, que lui refuse l'article 1ᵉʳ de la loi de 1913, de changer la nationalité de la société et d'augmenter les engagements des actionnaires.

2° L'assemblée extraordinaire n'a pas le pouvoir de changer la nationalité ni d'augmenter les engagements des actionnaires, du moins aux conditions de majorité fixées par la loi nouvelle et que nous examinerons plus loin.

M. Chastenet, dans son rapport au Sénat, formulait ainsi la raison de cette double limitation : « Il est inadmissible que l'assemblée générale puisse contraindre les actionnaires d'une société française à se soumettre aux prescriptions d'une loi étrangère. La deuxième restriction fait obstacle à ce que les engagements ne puissent être jamais augmentés, c'est de la plus stricte équité. »

Sauf cette double limitation, l'assemblée extraordinaire est souveraine pour modifier les statuts : elle pourra donc modifier les clauses que la jurisprudence considérait comme des bases essentielles, telles que la répartition des bénéfices et même l'objet social, ou la forme de la société ; c'est ce qui résulte des travaux préparatoires et des paragraphes 3 et 4 de notre article 1ᵉʳ, qui exigent seulement pour les modifications relatives à la forme de la société et à l'objet social un quorum plus important que pour les autres modifications des statuts.

Ce sont là des changements très graves que la loi nouvelle

autorise l'assemblée extraordinaire à voter : une société en commandite par actions pourra donc se transformer en société anonyme par une délibération de l'assemblée extraordinaire, réunie dans les conditions que nous examinerons plus loin ; l'assemblée extraordinaire pourra modifier l'objet social et décider par exemple qu'une société ayant pour objet l'exploitation de chemins de fer pourra exploiter désormais la banque, l'éclairage électrique ou les mines : bien que des changements aussi absolus ne se produiront probablement pas dans la pratique, le texte de la loi nouvelle les autorise, en exigeant seulement pour ces modifications un quorum plus élevé que pour les autres modifications statutaires ; il se produira, plutôt qu'un changement radical de l'objet social, des extensions, telles que l'adjonction de l'éclairage électrique à l'éclairage au gaz.

Le législateur de 1913 s'est inspiré sur ce point de la loi allemande, qui autorise également, sous certaines conditions de majorité, la modification de l'objet social.

4. — Tous les actionnaires sont admis à l'assemblée extraordinaire
sans limitation du nombre de voix.

En outre pour que l'assemblée extraordinaire délibère valablement, elle devra, tout en respectant cette double limitation, se conformer aux trois conditions suivantes :

1° Tout actionnaire, quel que soit le nombre d'actions dont il est porteur, pourra prendre part aux délibérations d'une assemblée extraordinaire avec un nombre de voix égal aux actions qu'il possède sans limitation, nonobstant toute clause contraire de l'acte de société : c'est une règle d'ordre public, à laquelle il n'est pas permis de déroger, qu'édite le paragraphe 2 du nouvel article 31.

L'article 37 de la loi du 24 juillet 1867 donnait également accès à tous les actionnaires pour prendre part aux assemblées appelées à délibérer sur la mise en dissolution de la société en cas de perte des trois quarts du capital social.

Mais pour les assemblées appelées à modifier les statuts, la loi de 1867 laissait aux statuts le soin de déterminer le nombre d'actions nécessaire pour être admis dans l'assemblée, et le nombre de voix appartenant à chaque actionnaire eu égard au nombre d'actions dont il est porteur ; — généralement les statuts limitaient le nombre de voix dont chaque actionnaire

pouvait disposer, mais il n'y avait aucune limitation légale ;
— la seule limitation, édictée pour les assemblées constitutives,
dans lesquelles chaque actionnaire ne peut avoir plus de dix
voix, n'étant pas applicable aux assemblées modificatives des
statuts. (art. 27 § 2, loi de 1867).

Faut-il approuver l'innovation de la loi de 1913 ? Notons que
cette innovation est double : d'abord le nouvel article 31
donne accès à l'assemblée extraordinaire à tout actionnaire,
quel que soit le nombre de ses actions : c'est là une mesure
d'apparence démocratique, qui favorise les petits porteurs ;
ceux-ci, sous la législation existante, pouvaient se trouver
exclus, par une clause des statuts, de délibérations fort importantes ; la disposition nouvelle de l'article 31 aura aussi cet
avantage de permettre d'atteindre plus facilement le quorum
nécessaire pour la validité de la délibération.

Mais le nouvel article 31 décide (et c'est la seconde innovation) qu'il n'y aura pas de limitation dans le nombre des voix
attribué à chaque actionnaire ; la loi nouvelle favorise ainsi les
gros porteurs d'actions et assure leur suprématie : cette innovation est certainement moins démocratrique que la première.

5. — Du quorum exigé pour la validité des délibérations :
dispositions applicables aux sociétés déjà existantes.

2° La loi nouvelle fixe un quorum assez élevé pour la composition de l'assemblée et la majorité requise pour la validité de
la délibération (§ 3 et 4 du nouvel article 31).

L'assemblée doit être composée d'un nombre d'actionnaires
représentant les trois quarts au moins du capital social, et les
résolutions, pour être valables, doivent être votées à la majorité des deux tiers au moins des voix des actionnaires présents
ou représentés.

D'après la loi de 1867, il suffisait que la moitié du capital
fût représentée, et la délibération était valablement prise à
la majorité absolue ; le législateur de 1913 se montre plus exigeant, en raison de l'importance des résolutions à prendre :
d'ailleurs nous verrons que ce quorum est abaissé dans des
assemblées convoquées postérieurement, s'il n'est pas possible
de l'obtenir lors de première convocation.

Ce quorum des trois quarts du capital et des deux tiers des
voix des actionnaires doit toujours et nécessairement être

atteint pour les modifications touchant l'objet social ou la forme de la société; pour les autres délibérations considérées comme moins importantes, si une première assemblée ne réunit pas les conditions ci-dessus fixées, une nouvelle assemblée peut être convoquée dans les formes statutaires et par deux insertions à quinze jours d'intervalle dans le « Bulletin annexe du Journal officiel » et dans un journal d'annonces légales du lieu où la société est établie; cette convocation reproduit l'ordre du jour en indiquant le date et le résultat de la précédente assemblée ; cette seconde assemblée délibère valablement avec un nombre d'actionnaires représentant au moins la moitié du capital social. Notons que le législateur a qualifié d'une façon erronée « le Bulletin annexe du Journal officiel », qui s'appelle légalement « Bulletin des annonces légales et obligatoires à la charge des sociétés financières ».

Enfin si le quorum n'est pas atteint dans cette seconde assemblée, une troisième assemblée peut être convoquée dans les mêmes formes que la seconde, et elle délibère valablement avec un nombre d'actionnaires représentant le tiers du capital social.

Dans toutes ces assemblées modificatives de statuts, les résolutions pour être valables doivent réunir les deux tiers des voix des actionnaires présents ou représentés (nouvel articles 31, § 3 et 4).

Ces dispositions constituent-elles un minimum de garantie, et doivent-elles être considérées comme étant d'ordre public, de telle sorte qu'il n'est pas permis aux statuts d'y apporter des dérogations, tendant à stipuler un quorum moins élevé que celui stipulé dans la loi nouvelle?

Sous l'empire de la loi du 24 juillet 1867, la question s'était déjà posée, et dans notre *Traité des Sociétés* nous avions émis l'avis qu'au cas où l'assemblée extraordinaire n'a pu, dans une première réunion, grouper les actionnaires représentant la moitié au moins du capital social, les statuts pouvaient stipuler qu'une nouvelle assemblée serait convoquée, pouvant délibérer valablement avec une fraction moins forte du capital social (1).

Cependant nous devons reconnaître que la majorité des auteurs s'étaient prononcés contre notre opinion, et avaient

---

(1) V. *Traité des Sociétés*, 6ᵉ éd., n. 799.

admis que la nécessité d'obtenir la représentation de la moitié du capital social, pour les modifications des statuts, était d'ordre public et qu'il n'était pas permis d'avoir recours à la convocation successive de plusieurs assemblées pouvant délibérer valablement avec une moindre fraction du capital (1) ; nous devons reconnaître également que la loi du 22 novembre 1913 apporte un argument nouveau contre l'opinion que nous avons soutenue : si en effet le législateur de 1913 a cru nécessaire d'édicter des dispositions autorisant la convocation successive de plusieurs assemblées, c'est qu'il a considéré que cela était impossible à réaliser sous l'empire de la législation ancienne : la conclusion serait qu'il faudrait considérer toutes les dispositions de la loi du 22 novembre 1913, relatives au quorum, comme constituant un minimum de garanties auquel les statuts ne pourraient pas déroger.

L'article 4 de la loi de 1913 déclare ces dispositions nouvelles du paragraphe 3 du nouvel article 31, relatives à la convocation de plusieurs assemblées successives, applicables aux sociétés déjà existantes.

Les sociétés déjà constituées antérieurement à la loi nouvelle, qui voudraient modifier leurs statuts, devront donc se conformer à ces nouvelles dispositions. Dans son rapport au Sénat, M. Chastenet explique ainsi la raison pour laquelle il a paru nécessaire de faire ainsi produire à la loi de 1913 un effet rétroactif, tout au moins dans ses dispositions relatives aux convocations successives de plusieurs assemblées : « l'intérêt de ces dispositions est trop évident et trop général pour qu'on n'en fasse l'application qu'aux sociétés nouvelles, aussi convient-il de les déclarer rétroactives. Exception est faite toutefois en ce qui concerne la possibilité de modifier la forme ou l'objet de la société, ces modifications sont trop graves pour permettre aux sociétés déjà existantes de les effectuer, mais il n'y a aucun inconvénient à les autoriser rétroactivement à faire toutes les autres. »

Il n'était pas inutile que le rapporteur nous dévoilât la pensée du législateur, qui eût été un peu confuse si l'on s'en était tenu au simple texte de la loi.

Ainsi les modifications relatives à la forme et à l'objet social,

---

(1) Dalloz, supplément Rep. v° Société, n° 1684 et les autorités citées.

qui d'après la jurisprudence actuelle sont considérées comme des bases essentielles du pacte social, ne pourront être modifiées qu'à l'unanimité des actionnaires, sauf clause contraire dans les statuts.

Quant aux autres modifications, les sociétés actuelles pourront les réaliser, mais en se conformant aux nouvelles conditions de majorité édictées par la loi du 22 novembre 1913.

6. — De la modification dans les droits respectifs d'actions de différentes catégories : nécessité d'une assemblée spéciale.

3° Lorsque la décision de l'assemblée générale comporte une modification dans les droits respectifs des actions des différentes catégories, cette décision n'est valable que si elle est votée par une assemblée spéciale des actionnaires dont les droits sont modifiés : c'est le principe admis par l'article 34 du Code de commerce modifié par la loi du 16 novembre 1903, relative aux actions de priorité ; — mais l'article 34 du Code de commerce n'exigeait, pour la validité de la délibération, qu'un nombre d'actionnaires représentant la moitié du capital social, qui était le quorum fixé par l'article 31 de la loi du 24 juillet 1867 ; l'article 2 de la loi du 22 novembre 1913 modifie l'article 34 du Code de commerce et décide que cette assemblée spéciale, pour délibérer valablement, doit réunir au moins la portion du capital que représentent les actions dont il s'agit, déterminée par les paragraphes 2, 3 et 4 du nouvel article 31 de la loi du 24 juillet 1867, c'est-à-dire avec un quorum des trois quarts, de moitié ou du tiers, suivant les distinctions que nous avons indiquées ci-dessus. Cette disposition est déclarée applicable aux sociétés déjà existantes par l'article 4 de la loi du 22 novembre 1913.

7. — De la faculté de groupement des petits actionnaires rendue applicable aux sociétés déjà existantes.

La loi du 22 novembre 1913 contient également, dans son article 3, une disposition relative à la faculté de groupement des petits actionnaires : c'était même la seule et unique disposition du projet de loi dont le gouvernement avait primitivement saisi la Chambre des députés.

Cette faculté de groupement des petits actionnaires avait été édictée par la loi du 1ᵉʳ août 1893 ; elle n'était pas autorisée par la loi du 24 juillet 1867, qui consacrait le principe de la souveraineté des statuts ; d'après l'article 27 de cette dernière loi, les statuts devaient déterminer le nombre d'actions que devra posséder chaque actionnaire pour être admis dans les assemblées générales, et le nombre de voix appartenant à chaque actionnaire d'après le nombre de ses actions : il n'y avait d'exception que pour les assemblées constitutives (article 27, § 2, loi de 1867) et pour les assemblées convoquées en cas de perte des trois quarts du capital social à l'effet de statuer sur la question de savoir s'il y a lieu de prononcer la dissolution de la société ; dans ces assemblées tous les actionnaires avaient le droit de prendre part aux délibérations, quel que fût le nombre de leurs actions.

Mais pour les assemblées extraordinaires, de même que pour les assemblées ordinaires, les statuts pouvaient n'admettre à prendre part aux délibérations que des actionnaires possédant un certain nombre d'actions : il s'ensuivait que ceux ayant un nombre d'actions inférieur à celui fixé par les statuts pouvaient se trouver exclus soit de l'assemblée ordinaire, soit de l'assemblée extraordinaire.

Pour remédier à cet inconvénient la loi du 1ᵉʳ août 1893, complétant l'article 27 de la loi de 1867, permettait aux propriétaires d'un nombre d'actions inférieur à celui déterminé par les statuts pour être admis dans l'assemblée de se réunir pour former le nombre nécessaire et de se faire représenter par l'un d'eux. On s'était demandé si cette faculté de groupement était applicable aux sociétés dont la constitution était antérieure à la loi du 1ᵉʳ août 1893 ; nous avions admis que cette disposition de la loi du 1ᵉʳ août 1893 devait s'appliquer aux sociétés existantes au moment de sa promulgation (1); cependant la solution avait été contestée et la cour de Paris avait admis le contraire par un arrêt du 19 février 1897 (2); c'est pour faire cesser cette controverse que la loi du 22 novembre 1913 décide expressément dans son article 3 que la faculté de groupement des petits actionnnaires, autorisée par la loi du 1ᵉʳ août 1893, s'appliquera aux sociétés constituées avant le 1ᵉʳ août 1893.

Cette mesure, favorable aux petits actionnaires, aura, depuis

---

(1) V. *Traité des Sociétés*, 6ᵉ édit., nᵒ 798.
(2) V. *Revue des Sociétés*, 1897, p. 285 ; D. 98.2.153.

la loi du 22 novembre 1913, un intérêt moins important, puisque désormais tout actionnaire, quel que soit le nombre de ses actions, aura le droit le prendre part aux assemblées extraordinaires ; le même droit leur était reconnu pour les assemblées constitutives et de dissolution ; ils ne peuvent donc plus être exclus, par une clause des statuts, que dans les assemblées ordinaires, mais bien entendu, il en sera ainsi pour les sociétés nouvelles créées après la loi du 22 novembre 1913 ; pour les sociétés existantes au moment de sa promulgation, la loi du 22 novembre 1913 n'a pas déclaré applicable le § 2 du nouvel article 31 donnant accès à tout actionnaire, quel que soit le nombre de ses actions, dans les assemblées extraordinaires, appelées à modifier les statuts sociaux.

LOI

*portant modification de l'article 34 du Code de commerce et des
articles 27 et 31 de la loi du 24 juillet 1867 sur les sociétés par actions.*

(22 novembre 1913)

Art. 1er. L'article 31 de la loi du 24 juillet 1867 est remplacé par les dispositions suivantes :

« *Art. 31.* Sauf dispositions contraires des statuts, l'assemblée générale, délibérant comme il est dit ci-après, peut modifier les statuts dans toutes leurs dispositions. Elle ne peut toutefois changer la nationalité de la société ni augmenter les engagements des actionnaires.

« Nonobstant toute clause contraire de l'acte de société, dans les assemblées générales qui ont à délibérer sur les modifications aux statuts, tout actionnaire quel que soit le nombre des actions dont il est porteur, peut prendre part aux délibérations avec un nombre de voix égal aux actions qu'il possède, sans limitation.

Les assemblées qui ont à délibérer sur les modifications touchant à l'objet ou à la forme de la société ne sont régulièrement constituées et ne délibèrent valablement qu'autant qu'elles sont composées d'un nombre d'actionnaires représentant les trois quarts au moins du capital social. Les résolutions, pour être valables, doivent réunir les deux tiers au moins des voix des actionnaires présents ou représentés.

« Dans tous les cas autres que ceux prévus par le précédent paragraphe, si une première assemblée ne remplit pas les conditions ci-dessus fixées, une nouvelle assemblée peut être convoquée dans les formes statutaires et par deux insertions, à quinze jours d'intervalle, dans le *Bulletin annexe* du *Journal officiel* et dans un journal d'annonces légales du lieu où la société est établie. Cette convocation reproduit l'ordre du jour en indiquant la date et le résultat de la précédente assemblée. La seconde assemblée délibère valablement si elle se compose d'un nombre d'actionnaires représentant la moitié au moins du capital social. Si cette seconde assemblée ne réunit pas la moitié du capital, il peut être convoqué, dans les formes ci-dessus, une troisième assemblée qui délibère valablement, si elle se compose d'un nombre d'actionnaires représentant le tiers du capital social. Dans toutes ces assemblées, les résolutions, pour être valables, devront réunir les deux tiers des voix des actionnaires présents ou représentés. »

2. Le dernier paragraphe de l'article 34 du Code de commerce est ainsi modifié :

« Cette assemblée spéciale, pour délibérer valablement, doit réunir au moins la portion du capital que représentent les actions dont il s'agit, déterminée par les paragraphes 2, 3 et 4 de l'article 31 de la loi du 24 juillet 1867. »

3. Le paragraphe 1er de l'article 27 de la loi du 24 juillet 1867, modifié par l'article 4 de la loi du 1er août 1893, est ainsi complété :

« Cette disposition est applicable même aux sociétés constituées avant le 1er août 1893. »

4. Les dispositions de l'article 31, paragraphe 4, de la loi du 24 juillet 1867 et de l'article 34 du Code de commerce modifiés par la présente loi, s'appliquent aux sociétés déjà constituées sous l'empire de la loi du 24 juillet 1867.

Rapport

Fait au nom de la commission (1) *chargée d'examiner : 1° le projet de loi, adopté par la Chambre des députés, ayant pour objet de compléter l'article 27, § 1ᵉʳ, de la loi au 24 juillet 1867 sur les Sociétés ; 2° la proposition de loi de M. Guillaume Chastenet et plusieurs de ses collègues, ayant pour objet de remplacer l'article 31 de la loi du 24 juillet 1867 et de compléter l'article 27, § 1ᵉʳ, de la même loi sur les Sociétés par actions, par M. Guillaume Chastenet, sénateur.*

(Sénat, session ordinaire 1913 ; annexe au procès-verbal de la séance
du 5 juin 1913.)

Messieurs, la nécessité de procéder à une refonte complète de notre législation sur les sociétés est depuis longtemps reconnue et proclamée. Aussi, le Parlement a-t-il été sollicité, à maintes reprises, d'examiner des projets et propositions qui, tantôt, constituaient des œuvres d'ensemble, tantôt, ne tendaient qu'à porter remède à des imperfections de détail de cette législation.

Mais jusqu'à présent, pour des raisons diverses, la discussion d'une réforme totale, cohérente, logiquement entreprise et conduite, appropriée aux besoins modernes des sociétés, inspirée des exemples que nous fournissent les lois des pays voisins, n'a pu être abordée. Seules, des modifications fragmentaires, d'une nécessité particulièrement pressante, ont été réalisées.

La loi du 1ᵉʳ août 1893, notamment, a apporté d'heureux perfectionnements à la loi du 24 juillet 1867, qui constitue sur ce point la base essentielle de notre droit, la charte des sociétés en France. Antérieurement à la loi de 1893, l'article 27, § 1ᵉʳ, de la loi de 1867 décidait : « Il est tenu chaque année au moins une assemblée générale à l'époque fixée par les statuts. Les statuts déterminent le *nombre d'actions qu'il est nécessaire de posséder*, soit à titre de propriétaire, soit à titre de mandataire *pour être admis dans l'assemblée*, et le nombre de voix appartenant à chaque actionnaire eu égard au nombre d'actions dont il est porteur.

Or, les statuts prévoyaient presque toujours qu'un nombre minimum d'actions serait nécessaire pour pouvoir participer aux assemblées générales. Il en résultait que les porteurs d'un nombre d'actions inférieur à ce minimum se trouvait exclus des assemblées où, pourtant, des décisions d'une haute importance pour eux pouvaient être prises. D'autre part, la plus grande partie du capital social se trouvant fréquemment partagée entre un grand nombre de ces petits actionnaires, il devenait difficile de constituer, notamment, les assemblées générales devant délibérer sur des modifications aux statuts, des propositions de continuation de la société au delà du terme fixé pour sa durée ou de dissolution avant ce terme.

C'est pour remédier à cet inconvénient, qui aboutissait parfois à paralyser complètement la vie sociale de certaines sociétés, que fut ajouté à l'article 27 de la loi de 1867 le paragraphe suivant : « Tous propriétaires d'un nombre d'actions *inférieur à celui déterminé pour être admis dans l'assemblée*, pourront se réunir pour former le nombre nécessaire et se faire représenter par l'un d'eux. »

Mais la question se posa aussitôt de savoir si cette disposition pouvait être considérée comme applicable aux sociétés dont la constitution était antérieure à la promulgation de la loi de 1893.

Il est inutile d'entrer ici dans la discussion de ce point de droit. Il nous suffira de signaler que des auteurs excellents ont soutenu avec beaucoup de force qu'il s'agissait là d'une disposition d'ordre public, interprétative de la loi de 1867 et que, par suite, la rétroactivité s'imposait (Faure, *Commentaire théorique et pratique de la loi de 1893*, p. 200 ; Vavasseur, *Traité des sociétés*

---

(1) Cette commission est composée de MM. Poirrier, président ; Guillaume Chastenet, secrétaire ; Astier, N..... Fortier, Dominique Delahaye, Faisans, Cordelet, Colin.

(Voir les nᵒˢ 57-93, Sénat, année 1913, et 1577-1779, 10ᵉ législation de la Chambre des Députés.)

civiles et commerciales, t. II, n° 898 ; Genevois, *Le nouveau régime des sociétés* n° 57 ; Bonfils, *Revue critique*, 1895 ; Clément, *Des pouvoirs des assemblées générales d'actionnaires*, n° 22 ; Giraud, *Annales de droit commercial*, 95, p. 215 ; Lacour, Note dans D. P., 98, 2, 153 ; Wahl, Note dans S., 99, 2, 185 ; v. également Aubry et Rau, t. I, § 30, p. 98 ; *Dalloz*, supplément, v° *Sociétés*, n° 1672).

La jurisprudence n'a eu l'occasion de manifester son opinion que dans un seul arrêt de la cour de Paris, du 19 février 1897, rendu en faveur de la non-rétroactivité. Quant à la Cour de cassation, elle n'a pas encore été appelée à statuer sur cette question.

Le Gouvernement a pensé qu'il était préférable de ne pas laisser à la jurisprudence le temps de se fixer définitivement sur ce point et qu'il convenait de rendre, par une disposition législative spéciale, la loi de 1893 applicable à toutes les sociétés, quelle que fût la date de leur constitution. Mais votre Commission a considéré qu'il pourrait paraître excessif de mettre en mouvement l'initiative gouvernementale et l'appareil législatif au seul profit de quelques rares sociétés qui désirent une solution rapide à cette question de rétroactivité. Elle a donc été d'avis qu'il serait opportun d'examiner et de trancher dans son ensemble la question de la composition des assemblées générales pour la modification des statuts, en reprenant le texte proposé par le Gouvernement dans son projet de loi sur les sociétés par actions et rapporté favorablement par la Commision de la réforme judiciaire de la Chambre des députés.

C'est dans cet esprit que plusieurs de ses membres, tout en conservant le texte du projet, ont présenté une proposition de loi ayant pour objet de remplacer l'article 31 de la loi du 24 juillet 1867.

L'article 31 nouveau est fondé sur les considérations suivantes :

La loi du 24 juillet 1867 n'a pas tranché d'une façon claire la question de la modification des statuts par l'assemblée générale. Elle a seulement décidé (art. 31) que les statuts pourraient être modifiés par une assemblée composée de la moitié du capital social.

De là sont nées dans la pratique de graves difficultés. La jurisprudence la plus récente décide que, dans le silence des statuts ou lorsque ceux-ci contiennent une clause conçue en termes généraux, l'assemblée générale a le droit de modifier les dispositions statutaires qui ne portent pas atteinte aux « bases essentielles du pacte social ». Pour modifier ces dernières, il faut l'unanimité des actionnaires.

Si la jurisprudence est à peu près unanime sur cette question de principe, il n'en est pas de même lorsqu'il s'agit de déterminer quelles sont les « bases essentielles du pacte social ». Sur ce point, elle est profondément divisée.

Il est incontestable que dans certains cas, une société peut avoir un très grand intérêt à modifier ses statuts. Des procédés nouveaux, des circonstances spéciales, une crise affectant le commerce ou l'industrie exploité par la société peuvent nécessiter une modification sans laquelle la ruine est certaine.

Il est donc de la plus haute importance de poser des règles précises en cette matière. Le Sénat l'avait compris, en 1884, et il avait adopté un article 23 relatif aux modifications aux statuts.

L'urgence et la nécessité d'une réglementation était si bien reconnue que, lors de la discussion de la loi du 1er août 1893, M. le Sénateur Poirrier avait proposé de résoudre ces difficultés, mais on dut y renoncer faute de temps.

En doctrine, on admet généralement que lorsque la volonté des contractants de ne jamais modifier les statuts a été clairement indiquée dans une clause de ces statuts, il faut respecter cette volonté, mais qu'il convient de laisser toute liberté aux assemblées générales pour modifier les statuts lorsque ceux-ci sont muets. Le changement doit seulement être subordonné à l'obtention d'un quorum et d'une majorité très élevée.

C'était déjà l'opinion du rapporteur de la loi de 1867, M. Mathieu.

Il y a cependant deux restrictions qui doivent être apportées au droit de l'assemblée. La première concerne la nationalité de la société. Il est inadmisible que l'assemblée générale puisse contraindre les actionnairess d'une société française à se soumettre aux prescriptions d'une loi étrangère. La deuxième fait obstacle à ce que les engagements ne puissent être jamais augmentés. C'est de la plus élémentaire équité.

D'excellents esprits ont pensé que l'on devait également interdire le changement d'objet, parce que l'objet de la société a été le plus souvent une des causes déterminantes de la souscription des actions.

Mais le correctif à cet inconvénient se trouvera dans l'établissement d'un quorum et d'une majorité que l'on devra exiger d'autant plus élevés qu'il faut respecter les droits de la minorité.

Si le changement proposé reçoit l'approbation d'une portion très importante du capital social et d'une majorité élevée d'actionnaires, il est difficile d'admettre qu'il puisse être préjudiciable aux intérêts de l'universalité, et l'on peut croire que les dissidents étaient ou mal éclairés ou malveillants.

Toutefois, les modifications à la forme ou à l'objet de la société sont tellement graves, que l'article proposé exige pour elles des garanties particulières. S'inspirant des considérations qui précèdent, il fixe aux trois quarts du capital social et aux deux tiers des voix des actionnaires présents ou représentés, le quorum et la majorité nécessaires pour que l'assemblée générale puisse modifier les statuts dans l'une quelconque de leurs dispositions et pour transformer la société anonyme en société en commandite par actions et *vice versa*.

Plusieurs assemblées successives pourront être convoquées si la première n'a pu être réunie. Mais, à l'exemple de plusieurs législations étrangères, l'article décide que le quorum et la majorité ci-dessus indiqués devront toujours être obtenus lorsqu'il s'agira de modifier la forme ou l'objet de la société.

Pour toutes les autres modifications la deuxième assemblée devra réunir la moitié, et la troisième le tiers du capital social, la majorité restant toujours fixée aux deux tiers.

La convocation des actionnaires et l'ordre du jour des assemblées seront l'objet d'une publicité spéciale.

Enfin, et pour sauvegarder tous les intérêts, il est stipulé que lorsque la décision de l'assemblée générale porte atteinte aux droits d'une catégorie d'actionnaires, elle ne devient définitive que si elle a été acceptée par une assemblée des actionnaires de cette catégorie délibérant dans les mêmes conditions que l'assemblée générale.

La loi de 1867 dispose, dans son article 37, que, dans les assemblées qui ont pour objet de prononcer la dissolution de la société pour cause de perte des trois quarts du capital social, tous les actionnaires sans distinction peuvent prendre part au vote et qu'ils disposent d'autant de voix qu'ils ont d'actions.

L'article étend ce sage principe qui permet à tous les actionnaires de donner leur avis proportionnellement à l'intérêt qu'ils ont dans la société, aux assemblées extraordinaires réunies en vue de modifier les statuts. La décision à prendre est, en effet, très importante et il est de la plus stricte équité que tous les intéressés soient appelés à formuler leur opinion et à la défendre par leur vote.

L'intérêt de ces dispositions est trop évident et trop général pour qu'on n'en fasse l'application qu'aux sociétés nouvelles. Aussi convient-il de les déclarer rétroactives. Exception est faite, toutefois, en ce qui concerne la possibilité de modifier la forme ou l'objet de la société. Ces modifications sont trop graves pour permettre aux sociétés déjà existantes de les effectuer, mais il n'y a aucun inconvénient à les autoriser rétroactivement à faire tous les autres.

Le texte de la proposition examinée par la Commission comportait un dernier paragraphe aux termes duquel les droits conférés par les statuts aux porteurs de parts de fondateurs ou bénéficiaires n'auraient pu être modifiés par une assemblée générale d'actionnaires, que dans les conditions à déterminer par une loi spéciale. Le Commission a estimé que, malgré quelques fâcheux précédents, il ne semble pas qu'une loi doive ainsi viser une loi ultérieure, mais qu'elle doit au contraire se suffire à elle-même. Elle a donc supprimé ce paragraphe.

Dans ces conditions, tout en considérant qu'il serait préférable de procéder à une refonte d'ensemble de la législation sur les sociétés, votre Commission vous propose l'adoption des articles suivants :...

Imprimerie E. Aubin. — Ligugé (Vienne).